Joyeux Noël

Learning Songs & Traditions in French

by Judy Mahoney
Illustrations by Roberta Collier-Morales

In every country around the world, families and friends gather together during the holiday season to celebrate special traditions. Many holiday traditions are very similar in different countries, even if the language is not. Food, songs and activities are all part of the festivities, but every country has its own unique traditions which reflect the culture of the people and the language they speak.

With special thanks to Pat Choffrut, Marie-Jeanne Delevaux-Hargitt, Marie-Rose Lundgren, Todd Chowan, Mary Jane Alm, Yvonne Peralta, Wolfgang Bruce-Peralta and the singers from the French Immersion School, Edina, MN.

ISBN 10: 1-59972-061-2
ISBN 13: 978-1-59972-061-6

Illustrations by Roberta Collier-Morales
Book Design by Design Lab, Northfield, MN

Joyeux Noël

Teach Me...

Song List

En France, notre famille a de nombreuses coutumes et traditions particulièrement riches, et transmises de génération en génération. Je me souviendrai toujours de la nourriture, de la musique de ces moments de mon enfance et de ma jeunesse, passés avec parents et amis. Ces traditions uniques sont suivies en France depuis très longtemps et elles rendent les fêtes de Noël inoubliables!

In France, our family has many rich customs and traditions which have been passed down from generation to generation. I will always remember the food, the music of my childhood and youth, and the moments spent with family and friends. These unique traditions are still followed in France and make the holiday times unforgettable!

SONG 1

C'est bientôt Noël
(*Traditional Song*)
C'est Noël, c'est bientôt Noël
Il y a des étoiles dans le ciel.
Les toits sont blancs et sur les
    branches
L'hiver met des étoiles blanches.
C'est Noël, c'est bientôt Noël.

En décembre c'est bientôt Noël
Il y a des étoiles dans le ciel.
Et sur la terre tout s'illumine
Les places, les rues et les vitrines
C'est Noël, c'est bientôt Noël.

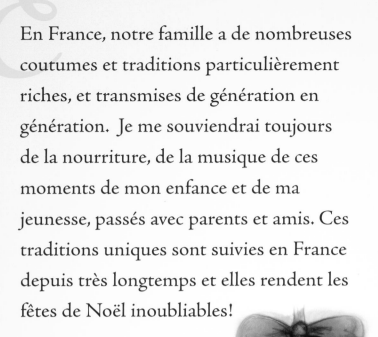

I remember growing up in France and opening the windows on my Advent calendar. Each day I looked forward to finding the small piece of chocolate hidden behind the window, as I counted down to Christmas.

SONG 2
The Advent Song
Advent is a time to wait
Not quite time to celebrate
Light the candles one by one
Till the Advent time is done
Christmas day will soon be here
Time for joy and time for cheer.

Je me souviens qu'enfant, j'ouvrais les fenêtres de mon calendrier de l'Avent. Chaque jour, j'attendais avec impatience de trouver le petit chocolat caché derrière chaque fenêtre du calendrier. C'est ainsi que je comptais les jours jusqu'à Noël.

BOUGIES DE L'AVENT
(*The Advent Song*)
Les dimanches de l'Avent
Nous allumons patiemment
Les jolies petites bougies
Qui sur la couronne scintillent
Quand Noël sera là
Dans la joie on fêtera.

SONG 2

Chaque année, munis de branches de pin, nous aidions maman à confectionner la couronne de l'Avent. Nous la décorions de quatre bougies rouges et de rubans rouges, verts et blancs, aux couleurs de Noël. Chaque dimanche jusqu'au jour de Noël, nous allumions une nouvelle bougie.

Every year we helped our mom make an Advent wreath with four candles and decorate it. We used pine branches, holly and ribbons of red, green and white, the colors of Christmas. Each Sunday we lit one more candle until Christmas arrived.

D'OÙ VIENS-TU BERGÈRE?
(Traditional Song)

D'où viens-tu bergère?
D'où viens-tu? (bis)
Je viens de l'étable
De m'y promener.
J'ai vu un miracle
Ce soir, arriver . . .

Qu'as-tu vu bergère,
Qu'as-tu vu? (bis)
J'ai vu dans la crèche
Un petit enfant
Sur la paille fraîche
Et tout rayonnant . . .

Qu'as-tu vu bergère,
Qu'as-tu vu? (bis)
Un bœuf et un âne
Etaient par-devant
Avec leur haleine
Réchauffaient l'enfant . . .

Rien de plus bergère
Rien de plus? (bis)
Et puis j'ai vu Pierre
Qui tout en jouant
Avec sa musette
Endormait l'enfant . . .

Qu'as-tu vu bergère,
Qu'as-tu vu? (bis)
Il y avait des anges
Descendus du ciel
Chantant les louanges
Du Père éternel . . .

Nous avions hâte d'installer la crèche : c'était pour nous un moment privilégié en famille. Jamais je n'oublierai la joie que je ressentais en sortant un à un les santons de la boite. Tout d'abord nous devions construire une étable, où nous placions l'âne et le bœuf, puis les bergers et les moutons. Après, nous placions Marie et Joseph. Mais nous attendions minuit pour placer Jésus dans la mangeoire.

We couldn't wait to set up the nativity scene: it was a moment of privilege for our family. I will never forget the joy I felt as I took each figure out the box. First we would set up the stable, where we placed the donkey and the ox, then the shepherds and the sheep. Finally, we added Mary and Joseph. But we waited until midnight on Christmas Eve to place Jesus in the manger.

SONG 4

Dans la crèche
(*Away in a Manger*)
C'est dans une crèche que Jésus naquit.
Son tendre visage sur la paille resplendit.
Les étoiles du ciel illuminaient l'abri.
Jésus reposait doucement et sourit.

SONG 4
Away in a Manger
Away in a manger no crib for a bed,
The little Lord Jesus laid down His sweet head.
The stars in the sky looked down where He lay,
The little Lord Jesus asleep on the hay.

SONG 5

CHANSON DES ÉCOLIERS
(*Saint Nicholas Poem*)
O grand Saint-Nicolas
Patron des écoliers,
Apportez-moi des pommes
Dans mon petit panier.

Je serai toujours sage
Comme une petite image.
J'apprendrai mes leçons
Pour avoir des bonbons.

On December 6th we celebrated Saint Nicholas Day. Legend says that in the eastern region of France, in Alsace and Lorraine, Saint Nicholas paraded through the streets on his little donkey handing out candies and gingerbread cookies to all the good children. "Père Fouettard" accompanied him looking for the naughty children.

Le 6 décembre, c'est la Saint Nicolas. En Alsace-Lorraine, dans l'Est de la France, on dit que Saint Nicolas se promenait sur son petit âne pour distribuer des bonbons et des biscuits en pain d'épice aux enfants sages. Saint Nicolas était accompagné du Père Fouettard qui cherchait les enfants méchants.

SONG
6

BOULES DE GUI
(Deck the Halls)
Boules de gui et houx sauvage
La la la la la la la la la.
Aux fenêtres de belles images
La la la la la la la la la.
Mettons nos habits de fête
La la la la la la la la la.
Et nous chantons à tue-tête
La la la la la la la la la.

La joie de Noël régnait partout en ville. Les rues étaient décorées de guirlandes magnifiques et des lumières scintillaient de toute part. Sur la place, tous les arbres brillaient de mille feux. Sur les vitrines des magasins étaient peintes des images qui nous faisaient rêver à ce que nous allions bientôt donner et recevoir. A la maison, Papa nous aidait à orner les vitres de beaux dessins. Nous les couvrions d'étoiles, de bougies, de sapins de Noël, d'anges et de flocons de neige.

The joy of Christmas was everywhere in the city. The streets were draped with beautiful garlands and covered with bright lights. Every tree twinkled throughout the plaza. The store windows were painted with pictures that made us dream of gifts we would give and receive. At our house, my dad helped us paint pretty pictures on the window panes. We covered the glass with pictures of stars, candles, trees, angels and snowflakes.

SONG 6
Deck the Halls
Deck the halls with boughs of holly
Fa la la la la la la la la.
'Tis the season to be jolly
Fa la la la la la la la la.
Don we now our gay apparel
Fa la la la la la la la la.
Troll the ancient Yuletide carol
Fa la la la la la la la la.

J'adorais aller à la ferme de mes grands-parents pour choisir notre sapin de Noël ; il devait être parfait. Nous marchions à travers les bois pour trouver le bon. Une fois coupé, nous le mettions sur un traîneau et le tirions jusqu'à la maison. Puis, arrivés à la maison, nous passions la journée à décorer le sapin avec des guirlandes, des bougies, des rubans et des boules scintillantes. Tout en haut, nous placions à la pointe de l'arbre, une étoile qui montrait le chemin aux Rois Mages.

I loved to go to my grandparents' farm to choose our Christmas tree; it had to be perfect. We walked through the fir trees until we found just the right one to cut down. We put it on the back of a sled and dragged it back to the house. When we got home, we spent the day decorating our tree with garlands, stars, ribbons and shiny balls. We put a star on top of the tree to guide the way for the three traveling kings.

SONG 7

MON BEAU SAPIN
(O Christmas Tree)
Mon beau sapin, roi des forêts,
Que j'aime ta verdure ! (bis)
Quand par l'hiver, bois et guérets,
Sont dépouillés de leurs attraits,
Mon beau sapin, roi des forêts,
Tu gardes ta parure.

Toi que Noël planta chez nous
Au saint anniversaire, (bis)
Joli sapin comme ils sont doux,
Et tes bonbons et tes joujoux,
Toi, que Noël planta chez nous,
Tout brillant de lumières.

We spent hours writing our letters to send to Père Noël asking for that special gift. We had to let him know that we had been good and were deserving of gifts. One year, all my little brother Peter wanted was a drum. I can still hear him reading and reading again his letter out loud:

Dear Father Christmas,
I have been a very good boy this year! You know that I really like music and would like to play in the band at school. If you give me a drum, I promise to practice every day and even make my bed.

Thank you Father Christmas,
Peter

P.S. I left you some cookies by the fireplace.

Nous passions des heures à tourner et retourner dans nos têtes les mots de notre lettre au Père Noël pour recevoir le cadeau de nos rêves. Je me souviens de celle de mon petit frère Pierre qui ne rêvait que d'un tambour. Je l'entends encore lisant et relisant sa lettre à voix haute :

Cher Père Noël,
J'ai été très sage cette année ! Tu sais que j'aime bien la musique et que j'aimerais jouer dans la fanfare à l'école. Si tu m'apportes un tambour, je te promets de m'exercer tous les jours et même de faire mon lit.

Merci Père Noël,
Pierre

P.S. Je t'ai laissé des biscuits près de la cheminée.

SONG 8

L'enfant au tambour
(*The Little Drummer Boy*)

Venez le voir, pala
Palapapa pam.
Le nouveau roi est né
Palapapa pam.
Déposons nos cadeaux
Palapapa pam.
Près du divin berceau
Palapapa pam, lapapa pam, lapapa pam
Pour honorer l'enfant
Palapapa pam,
En arrivant.

Petit Jésus, pala
Palapapa pam.
Je suis un pauvre enfant
Palapapa pam.
Je n'ai pas de présent
Palapapa pam.
Digne d'un petit roi
Palapapa pam, lapapa pam, lapapa pam.
Je voudrais jouer pour toi
Palapapa pam
De mon tambour.

Marie hocha la tête
Palapapa pam.
Le boeuf, l'agneau de même
Palapapa pam.
J'ai joué du tambour
Palapapa pam.
Pour fêter ce grand jour
Palapapa pam, lapapa pam, lapapa pam
Jésus a souri
Palapapa pam.
Au petit tambour.

Two days before Christmas, we would go shopping. My mother's list was long: a beautiful turkey, chestnuts, apples, pâté, mushrooms, oysters, cheese, the best wine, champagne for the parents, and fruit juice for the children. The bakery was our last stop for the dessert: a Yule Log cake with butter cream frosting and decorated with little red woodcutters.

SONG 9
Joy to the World
Joy to the world!
The Lord is come
Let earth receive her King
Let every heart prepare him room.
And heav'n and nature sing
And heav'n and nature sing
And heav'n and heav'n and nature sing.

Joy to the world!
The savior reigns
Let men their songs employ
While field and floods, rocks, hills and plains.
Repeat the sounding joy
Repeat the sounding joy
Repeat, repeat the
   sounding joy.

Deux jours avant Noël, nous allions faire les courses. La liste de maman était longue : une belle dinde, des marrons, des pommes, du pâté, des champignons, des huîtres, du fromage, des meilleurs vins de cave et du champagne pour les parents, des jus de fruits pour les enfants. La patisserie était notre dernier arrêt pour le dessert : la Bûche de Noël à la crème au beurre et décorée de petits bûcherons rouges.

JOIE SUR LA TERRE
(*Joy to the World*)

SONG 9

Joie sur la terre !
Jésus est né
La terre reçoit son roi
Que les cœurs s'émerveillent
Recevant la nouvelle.
Que le paradis chante (3 x)
Et la nature aussi.

Joie sur la terre !
Gloire au Sauveur
Que tous les hommes chantent.
Au ciel et sur la terre.
Les oiseaux, les rivières,
Le vent dans la campagne,
Les chants de la montagne...
Sur toute la terre retentit la grande joie.

Le Réveillon était enfin là. Alors que j'ouvrais la dernière fenêtre de mon calendrier de l'Avent, c'était le branle-bas de combat dans la cuisine. Les délicieuses effluves qui s'échappaient de la cuisine me mettaient déjà l'eau à la bouche, à la pensée des merveilles culinaires que nous allions déguster.

Christmas Eve was here at last. As I was opening the final window on my Advent calendar, it was "all wheels in motion" in the kitchen. The delicious smells escaping from the kitchen made my mouth water just thinking about the wonderful foods we were about to taste.

SONG 10
Bring a Torch, Jeannette, Isabelle
Bring a torch, Jeannette, Isabelle
Bring a torch, to the cradle run.
It is Jesus, good folk of the village
Christ is born and Mary's calling.
Ah ! Ah ! beautiful is the Mother
Ah ! Ah ! beautiful is her Son !

UN FLAMBEAU, JEANNETTE, ISABELLE
(*Bring a Torch, Jeannette, Isabelle*)
Un flambeau, Jeannette, Isabelle
Un flambeau, courons au berceau.
C'est Jésus bonnes gens du hameau
Le Christ est né, Marie appelle.
Ah ! Ah ! Ah ! que la mère est belle
Ah ! Ah ! Ah ! que l'enfant est beau !

IL EST NÉ LE DIVIN ENFANT
(*Traditional Song*)
Refrain:
Il est né le divin Enfant
Jouez hautbois, résonnez musettes,
Il est né le divin Enfant
Chantons tous son avènement.

Depuis plus de quatre mille ans
Nous le promettaient les prophètes.
Depuis plus de quatre mille ans
Nous attendions cet heureux temps !

Ah ! qu'il est beau, qu'il est charmant !
Ah ! que ses grâces sont parfaites !
Ah ! qu'il est beau, qu'il est charmant !
Qu'il est doux, ce divin Enfant.

We waited impatiently to attend the Midnight Mass. This was an important Mass for children and because of the holiday they were allowed to stay up late. We sang joyous songs and admired the nativity scene set up in the church.

SONG 12
O Holy Night
O Holy Night, the stars are brightly shining,
It is the night of our dear Savior's birth.
Long lay the world in sin and error pining,
Till He appeared and the soul felt its worth.
A thrill of hope, the weary world rejoices,
For yonder breaks a new and glorious morn,
Fall on your knees, oh hear the angel voices!
O night divine, O night when Christ was born!
O night divine, O night, O night divine.

SONG 13
Gloria
Angels o'er the fields were singing,
Singing hymns from heav'n on high,
And the mountain echoes ringing
Answered to their joyful cry:
Gloria in excelsis Deo !
Gloria in excelsis Deo !

Nous attendions avec impatience la Messe de Minuit. C'était une Messe importante pour les enfants et en cette période de fêtes, nous avions le droit de veiller tard. Nous chantions des cantiques joyeux et nous admirions la crèche installée dans l'église.

MINUIT, CHRÉTIENS
(*O Holy Night*)
Minuit, Chrétiens
C'est l'heure solennelle
Où l'homme Dieu descendit jusqu'à nous.
Pour effacer la tache originelle
Et de son père arrêter le courroux.
Le monde entier tressaille d'espérance
A cette nuit qui lui donne un Sauveur.
Peuple à genoux,
Attends ta délivrance !
Noël ! Noël ! Voici le Rédempteur.
Noël ! Noël ! Voici le Rédempteur.

LES ANGES DANS NOS CAMPAGNES
(*Gloria*)
Les anges dans nos campagnes
Ont entonné l'hymne des cieux,
Et l'écho de nos montagnes
Redit ce chant mélodieux:
Gloria in excelsis Deo !
Gloria in excelsis Deo !

SONG 14

Entre le bœuf et l' âne gris
(*The Ox and the Grey Donkey*)
Entre le bœuf et l'âne gris
Dort, dort, dort le petit fils.

Refrain:
Mille anges divins,
Mille séraphins
Volent à l'entour
De ce grand Dieu d'amour.

Entre les deux bras de Marie
Dort, dort, dort le petit fils.

Entre les roses et les lys
Dort, dort, dort le petit fils.

Entre les pastoureaux jolis
Dort, dort, dort le petit fils.

After church we came home and warmed up with a good cup of hot chocolate. Before going to bed, we put our shoes in front of the fireplace. It never failed that in the quiet of the night, Father Christmas filled our shoes with the gifts we asked for if we had been good.

PETIT PAPA NOËL
(*Traditional song about Father Christmas*)
Refrain:

Petit Papa Noël
Quand tu descendras du ciel
Avec des jouets par milliers
N'oublie pas mon petit soulier.

Mais avant de partir
Il faudra bien te couvrir
Dehors tu vas avoir si froid
C'est un peu à cause de moi.

Il me tarde tant que le jour se lève
Pour voir si tu m'as apporté.
Tous les beaux joujoux,
Que je vois en rêve
Et que je t'ai commandés.

C'est la belle nuit de Noël
La neige étend son manteau blanc
Et les yeux levés vers le ciel,
A genoux les petits enfants,
Avant de fermer les paupières
Font une dernière prière.

Words and music by Henri Martinet & Raymond Vinci.
Copyright ©1952 Editions Max Eschig
Used by permission of Harry Fox Agency, Inc.

Après l'église nous rentrions à la maison et nous nous réchauffions avec une bonne tasse de chocolat chaud. Avant d'aller au lit, nous mettions nos souliers devant la cheminée. Comme chaque année, le Père Noël venait dans la nuit noire pour déposer les cadeaux que nous avions demandés car nous avions été sages.

On Christmas morning, we raced downstairs. One at a time, we opened our gifts screaming with joy and excitement. I will always remember the year when Peter received his red drum and I received a shiny new tambourine.

Le matin de Noël, nous dévalions les escaliers. Chacun à son tour, nous ouvrions nos cadeaux en poussant des cris de joie et d'excitation. Je me souviendrai toujours de l'année où Pierre reçut son tambour rouge et où je reçus un nouveau tambourin étincelant.

GUILLAU PRENDS TON TAMBOURIN

SONG 16

(Pat-a-Pan)

Guillau prends ton tambourin,
Robin, prends ta flûte et viens
Au son de ces instruments,
Tirelurelure, patapatapan. . .
Au son de ces instruments,
Je dirai Noël gaiement. . .

C'était la mode autrefois
De louer le Roi des Rois. . .
Au son de ces instruments,
Tirelurelure, patapatapan
Au son de ces instruments,
Il nous faut en faire autant. . .

L'homme et Dieu sont plus
    d'accord
Que la flûte et le tambour. . .
Au son de ces instruments,
Tirelurelure, patapatapan
Au son de ces instruments,
Chantons et dansons gaiement.

L'après-midi du jour de Noël, nos grands-parents arrivaient pour partager avec nous le repas de Noël. Ils apportaient des cadeaux pour chacun. Nous recevions toujours des truffes en chocolat et des marrons glacés. Chaque année mon frère et moi recevions des livres. Un des moments préférés de papa était quand la famille se réunissait pour chanter des chants de Noël. Son chant favori était *Douce nuit*.

The afternoon of Christmas Day, our grandparents would arrive for Christmas dinner. They always brought more gifts for each of us to open. Our family received special chocolate truffles and glazed chestnuts, known as "marrons glacés". Each year my brother and I received new storybooks. Papa loved to gather together as a family and sing carols. His favorite song was *Silent Night*.

SONG 17
Silent Night
Silent night, holy night,
All is calm, all is bright.
Round yon virgin mother and child,
Holy infant so tender and mild.
Sleep in heavenly peace,
Sleep in heavenly peace.

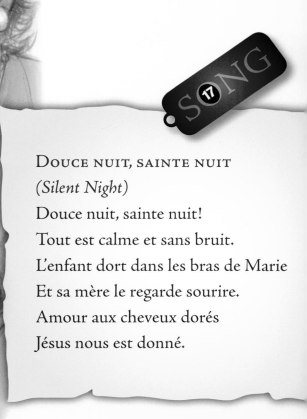

DOUCE NUIT, SAINTE NUIT
(Silent Night)
Douce nuit, sainte nuit!
Tout est calme et sans bruit.
L'enfant dort dans les bras de Marie
Et sa mère le regarde sourire.
Amour aux cheveux dorés
Jésus nous est donné.

After Christmas, we started to prepare for the next holiday: New Year's Eve! Our parents invited many friends to our house for a party. We were allowed to stay up late because it was a very special holiday. Everyone counted down the last ten seconds before midnight. At midnight, everyone embraced and wished each other "Happy New Year" and "Good Health!"

SONG 18

CE N'EST QU'UN AU REVOIR MES FRÈRES
(*Auld Lang Syne*)
Ce n'est qu'un au revoir mes frères,
Ce n'est qu'un au revoir. (bis)

Oui nous nous reverrons mes frères,
Ce n'est qu'un au revoir. (bis)

Après Noël, nous commencions à préparer la prochaine grande fête : le Réveillon du Nouvel An. Nos parents invitaient de nombreux amis à la maison pour fêter cet événement. Nous avions encore une fois la permission de veiller tard car c'était une soirée pas comme les autres. Tout le monde comptait les dix dernières secondes avant minuit. A minuit pile, tout le monde s'embrassait et se souhaitait une « Bonne Année » et une « Bonne Santé » !

Nous passions le jour de l'An à écrire des cartes de vœux pour souhaiter la bonne année à notre famille et à nos amis. Nous envoyions toujours une photo de famille pour que tout le monde puisse voir combien nous avions grandi ! Nous prenions également de bonnes résolutions pour la nouvelle année. Mais, elles ne tenaient jamais bien longtemps.

We spent New Year's Day writing cards to send New Year wishes to our family and friends for the coming year. We included a family photo, so that everyone could see how we had grown! We always made our New Year's resolutions. They were nice promises that never lasted a long time.

Vive le vent
(Jingle Bells)

SONG 19

Vive le vent, vive le vent,
Vive le vent d'hiver !
Qui s'en va sifflant, soufflant
Dans les grands sapins verts.
Vive le temps, vive le temps,
Vive le temps d'hiver.
Boules de neige et jour de l'an
Et bonne année grand-mère. (bis)

Sur le long chemin
Tout blanc de neige blanche.
Un vieux monsieur s'avance
Sa canne dans la main
Et tout là-haut le vent
Qui siffle dans les branches
Lui souffle la romance
Qu'il chantait petit enfant.

After Christmas and New Year's comes the Epiphany on January 6th. This was the day that Melchor, Gaspar and Balthazar, the three kings, arrived to adore the baby Jesus. For us, it was about the Galette des Rois, the Twelfth Night Cake. This cake was special, because hidden inside was a tiny porcelain figurine. The youngest person in the family hid under the table and shouted out a name to receive the next piece of cake. Whoever found the figurine in their piece was crowned king or queen and chose a royal partner!

Après le Nouvel An, c'est l'Epiphanie, le six janvier. En ce jour, on ajoute à la crèche, les trois rois mages, Melchior, Gaspard et Balthazar qui arrivent pour adorer le petit Jésus. Pour nous, ce jour était surtout celui de la Galette des Rois. Cette galette était importante, car on y cachait une fève. Avant de la déguster, le plus jeune d'entre nous se mettait sous la table et désignait qui allait recevoir telle ou telle part. Celui qui découvrait la fève était couronné et choisissait son roi ou sa reine.

MARCHE DES ROIS
(March of the Kings)

De bon matin, j'ai rencontré le train
De trois grands rois qui allaient en voyage,
De bon matin, j'ai rencontré le train
De trois grands rois dessus le grand chemin.
Venaient d'abord des gardes du corps,
Des gens armés avec trente petits pages,
Venaient d'abord des gardes du corps,
Des gens armés dessus leur justaucorps.

Au fils de Dieu qui est né en ces lieux,
Ils viennent tous présenter leurs hommages.
Au fils de Dieu qui est né en ces lieux,
Ils viennent tous présenter leurs doux vœux.
Or, myrrhe, encens sont les beaux présents
Qu'ils ont portés à cet enfant adorable,
Or, myrrhe, encens sont les beaux présents
Qu'ils ont portés à ce divin enfant.

Chaque famille a ses propres traditions de Noël et elles évoluent avec le temps. Pour moi, avec ma famille, je continue à célébrer fidèlement les anciennes traditions transmises de génération en génération. Ces traditions apportent chaque année une promesse d'amour, de joie et de paix.

QUE LA PAIX RÈGNE SUR TERRE
(*Let There Be Peace on Earth*)
Que la paix règne sur Terre
La paix qui naît en nous.
Que la paix règne sur Terre
C'est l'union face au courroux.
De Dieu notre père
Nous sommes les enfants.
Rétablissons mes frères
L'harmonie pour longtemps.

Que la paix règne sur Terre
La paix qui naît en nous.
Allons-y de ce pas
Faisons-la régner partout.
Vivons chaque instant
Comme un grand moment
En paix éternellement.
Que la paix règne sur Terre
La paix qui naît en nous.
Que la paix règne sur Terre
La paix qui naît en nous.

Every family has special Christmas traditions that evolve over time. For me, the old traditions passed from generation to generation are the ones I hold in my heart and continue to share with my family. These traditions fill the season with the promise of love, joy and peace year after year.

SONG 21
Let There Be Peace on Earth
Let there be peace on earth
And let it begin with me;
Let there be peace on earth,
The peace that was meant to be.
With God as our Father
Children all are we,
Let me walk with my brother
In perfect harmony.

Let peace begin with me,
Let this be the moment now;
With every step I take,
Let this be my solemn vow:
To take each moment and live each moment
In peace eternally.
Let there be peace on earth
And let it begin with me.

Sharing recipes is another way to pass down traditions from generation to generation. The French are best known for their fabulous food. Celebrate the season with a few of their favorite holiday cakes.

Galette des Rois (Three Kings Cake; Shortbread type)

Things you need:
Measuring cups and spoons
Mixer and bowls
10" fluted tart pan, with
    removable bottom
Pastry brush
Sharp knife
Wire rack

Ingredients for the Cake:
4 egg yolks
1 cup sugar plus 3 tablespoons
4 cups flour
1⅓ cups unsalted butter, softened
1 dried bean (almond) or porcelain
    figurine

Ingredients for the Glaze:
1 egg
1 tsp water
1 tsp sugar

Directions:

1. Combine egg yolks and sugar in a bowl and beat together 3 — 4 minutes. Beat until the batter is light and creamy, and should fall back into the bowl like a ribbon.
2. Add small amounts of butter and flour to the mixture, alternating a little of each at a time until all ingredients are blended well. Batter will be thick like cookie dough. Add the bean to the batter.
3. In a separate small bowl, use fork to beat the egg, water and sugar together for the glaze.
4. Press the batter into the buttered tart pan, and flatten the top with your hand. The batter should be about ¾" — 1" thick.
5. Brush the glaze over the top of the cake.
6. Make a design using a sharp knife to lightly score the surface layer, like a tree, star or scored lines.
7. Bake at 375° for 30 minutes, until golden brown, or tooth pick comes out clean.
8. Cool on a wire rack.
9. When cold, remove the bottom of the fluted pan by setting the cake on a wide jar or can. Slide the edge ring off the cake and place the cake on a serving dish.

Have fun cutting the cake and finding the bean!

Gâteau des Rois (Twelfth Night Cake; Creole version)

Ingredients:

8 cups sifted flour
10 Eggs
1 cup granulated sugar
1 pound butter

2 packages of yeast (¼ oz. each)
1 tablespoon salt
Water
Candies to decorate

Directions:
1. Take six cups of flour and put into a large bowl. Make a hole in the center of the flour. In a separate bowl, dissolve two packages of yeast in warm water and then pour into flour hole. Mix together.
2. Slowly add water, one tablespoon at a time to the flour and knead the dough as you go, until it is a smooth and elastic consistency. Knead 3-6 minutes.
3. Shape dough into a ball and set aside in a bowl and cover with a cloth.
4. Let the dough rise 5-6 hours in a moderately warm place, until it has doubled in size.
5. Take 2 cups of flour and sift in 1 tablespoon of salt and add to dough ball.
6. In a bowl, beat 6 eggs lightly, adding 1 cup sugar and 1 lb butter, mix ingredients well.
7. Mix the egg mixture into the dough ball with your hands, adding more eggs if the dough is too stiff.
8. Knead the dough again, and turn it over 3-4 times.
9. Put dough in bowl and cover with cloth, set aside to rise again for about 1 hour.
10. Work the dough lightly and form into a ring with a hole in the center.
11. Place on a large baking sheet that has been buttered or sprayed with non-stick spray.
12. Hide a dried bean in to the dough.
13. Cover the dough with a clean cloth and let rise again, about 1 hour.
14. Before baking, glaze the dough lightly with 1 beaten egg.
15. Bake bread at 350° F for 60 minutes, until golden brown.
16. Small candied fruit or caramels can be used to decorate as desired.

Vocabulary Vocabulaire

English	French
Christmas feast	le Réveillon
Christmas party	la fête de Noël
Midnight Mass	la Messe de Minuit
little saint	le santon
manger	la crèche
candle	la bougie
ribbon	le ruban
mistletoe	le gui
drum	le tambour
present	le cadeau
stars	les étoiles
cattle	le boeuf
donkey	l'âne
shepherd	le berger
angel	l'ange
snow flakes	les flocons de neige
crown	la couronne
king	le roi
queen	la reine
Happy New Year	Bonne Année
Epiphany	la Fête des Rois
cake/cookie	la galette
church	l'église
world	le monde
peace	la paix
meal	le repas
shoes	les souliers/les chaussures
earth	la terre